DU MÊME AUTEUR
AUX ÉDITIONS DU CERF

Du fanatisme. Quand la religion est malade, 2020.

À Philémon. Réflexions sur la liberté chrétienne, 2019.

Quand tu étais sous le figuier... : propos intempestifs sur la vie chrétienne, 2017, coll. « Lexio », 2019.

Veilleur, où en est la nuit ? : petit traité de l'espérance à l'usage des contemporains, 2016.

QUELQUES MOTS AVANT L'APOCALYPSE

Lire l'Évangile en temps de crise

ADRIEN CANDIARD

QUELQUES MOTS AVANT L'APOCALYPSE

Lire l'Évangile en temps de crise

LES ÉDITIONS DU CERF

Nihil obstat

M. PALAYRET, o. p.

R. ESCANDE, o. p.

Imprimi potest

Paris, le 29 août 2022

N. TIXIER, o.p.

Prieur provincial

www.editionsducerf.fr

24, rue des Tanneries

75013 Paris

ISBN 978-2-204-15202-0

À la famille Flateau,
dont l'accueillante cuisine
a servi plus d'une fois d'atelier à mes livres,
et avec qui on resterait bien discuter
en attendant la fin du monde.

J'estime que les souffrances du temps présent ne sont pas à comparer à la gloire qui doit se révéler en nous. Car la création en attente aspire à la révélation des fils de Dieu.

Lettre de saint Paul aux Romains,
chapitre 8, versets 18 et 19.

Introduction

Professionnellement, je n'ai pas trop à m'en faire.

Frère prêcheur, prêtre catholique, je n'ignore évidemment pas les crises que traverse l'Église, ni son déclin numérique apparemment irrésistible en Occident. Mais ne nous a-t-on pas inlassablement répété que les religions prospèrent sur les désastres, sur le malheur, sur l'inexplicable ? Je n'ai donc guère de souci à me faire. S'il est vrai, comme on l'entend partout, que la foi a toujours fait bon ménage avec l'ignorance, que l'Église a su utiliser les peurs, qu'elle a fait son miel et ses choux gras de la décomposition de l'Empire romain ou des angoisses de la Peste noire, qu'elle a su mettre à profit les tremblements de terre ou les orages de grêle pour culpabiliser les foules et les tenir à sa merci, en expliquant les catastrophes comme la punition divine des péchés des hommes, alors je n'ai clairement, sur le plan professionnel, aucun souci à me faire : voici venir des temps favorables pour mes petites affaires ; voici venir des temps difficiles pour le monde.

Pour le reste, malgré un tempérament foncièrement optimiste, j'ai peut-être quelques raisons d'être inquiet. Enfant de la tranquille Europe, arrivé à l'âge de raison quand le mur de Berlin s'effondrait, et avec lui le risque palpable de destruction nucléaire de l'humanité qui avait pu terrifier la génération de mes parents, je n'avais pas forcément le sentiment de grandir dans un univers apaisé : on y parlait sans cesse de crise économique, de chômage, de montée du racisme. La société avait ses fractures, ses violences, ses fragilités. Mais au moins, il était évident, pour moi, pour tous ceux qui m'entouraient, que nous avions passé un palier qui nous mettait à l'abri des maux incompréhensibles du passé : la guerre, la famine, les épidémies n'avaient certes pas tout à fait disparu de la planète, mais elles ne se montraient plus que dans des régions éloignées, à l'état de reliques provisoires d'un temps heureusement révolu, où l'humanité ne savait décidément pas s'y prendre, d'une histoire qu'on pouvait bien regarder avec un brin de condescendance. Certains alertaient déjà sur les conséquences de notre mode de vie sur le climat, mais les prévisions qu'ils esquissaient paraissaient concerner un avenir si lointain qu'elles ne méritaient qu'une attention distraite, face aux solides questions du présent. Avec un peu de cette rationalité scientifique qui manquait tant à nos ancêtres, nous avions trouvé les moyens de faire disparaître les malheurs d'autrefois, et nous saurions bien faire face à ceux qui se présenteraient.

C'est précisément ce monde-là, solide et rassurant, qui s'est effondré en l'espace de quelques années à peine, sous les coups de boutoir d'improbables spectres moyenâgeux qu'on croyait exorcisés pour toujours. Je n'ai pas besoin de longs discours pour rappeler que les fléaux de l'humanité, les cavaliers de l'Apocalypse, frustrés par quelques décennies de relative inactivité, cavalent plus joyeusement que jamais sur l'ensemble de la planète. Alors que nous étions fiers d'avoir remporté, grâce à notre médecine d'ailleurs effectivement remarquable, l'interminable bataille que menaient contre nous depuis des millénaires germes et microbes, notre monde tout entier s'est trouvé frappé d'une immobilité sidérante, pour s'efforcer de réduire les effets meurtriers d'un virus aussi nouveau que fulgurant. À peine semblions-nous avoir trouvé le moyen de nous accommoder au mieux de ses multiples variants que la guerre s'imposait à notre attention, dans sa version la plus grandiose, la plus brutale, celle qui flirte avec le conflit mondial et fait planer la menace de la destruction nucléaire totale. En attendant ces joyeuses perspectives, les pénuries d'énergie et même de biens alimentaires commencent à se faire sentir jusque dans nos sociétés d'abondance, et paraissent bien décidées à y rester durablement, évoquant les fantômes des grands krachs économiques qu'on espérait définitivement évanouis.

Face à l'une ou l'autre crise, nous voudrions croire que ce ne sont là que des parenthèses, de brefs intermèdes d'instabilité avant que nous soit rendu notre monde d'avant, celui du progrès et de la sécurité. Mais un été de sécheresse record, où l'on manque d'eau en Normandie ou aux Pays-Bas, où la source de la Tamise est à sec, où des dizaines de milliers d'hectares de forêt s'envolent en fumée, vient nous rappeler que nous ne vivons que les prémices des conséquences d'un changement climatique dont nous pensions naïvement, il y a peu, qu'il serait sans doute fatal aux ours blancs, mais qu'il épargnerait nos latitudes tempérées. Nous commençons à comprendre : les crues meurtrières succèdent aux brasiers, les glaciers fondent et font s'ébouler les montagnes, les rendements agricoles chutent, les territoires côtiers sont engloutis, des pays entiers deviennent des déserts, des tensions autour des ressources en eau et en nourriture font craindre les conflits les plus impitoyables, ceux où l'on lutte pour sa survie. Bref, nous pressentons tous que nous n'en avons pas fini avec les catastrophes. Le monde est devenu imprévisible et inquiétant.

Le mot de crise semble trop faible, tant nous l'avons employé en des époques où nous n'avions aucune idée de ce qu'il signifiait. Jouant avec mes jeunes nièces en vacances, je me mets pour un instant à l'école de leur insouciance joyeuse ; mais sitôt la partie de cache-cache achevée, dans le jardin de leur grand-mère jauni par la sécheresse, je ne peux m'empêcher de penser avec inquiétude, non pas au monde dont elles hériteront adultes, mais bien à celui où elles grandissent dès à présent, pressentant que ce ne sera pas tout à fait le même que celui où j'ai eu la chance d'apprendre à faire du vélo.

Être chrétien ou religieux ne suffit pas à effacer mon inquiétude devant cette irruption somme toute assez soudaine du tragique dans notre monde, ou du moins dans mon univers. Je n'attends évidemment pas de Dieu de solutions magiques à ces difficultés dont nous sommes, pour une bonne part au moins, collectivement responsables. Pour autant, je n'ignore pas que la foi chrétienne ne nous laisse pas tout à fait démunis face à ces catastrophes accumulées, et qu'elle nous propose au contraire des ressources certainement sous-estimées et bien peu prises en compte par les croyants eux-mêmes. Il est vrai qu'elles ont quelque chose d'un peu étonnant à première vue. La Bible a ainsi développé un genre littéraire précisément pour les temps de crise, qu'on appelle le genre « apocalyptique », d'un mot grec qui signifie « révélation » – car il s'agit pour les auteurs de ces écrits de révéler les mystères cachés sous les apparences des événements du monde. Le mot peut faire peur, et les textes apocalyptiques plus encore. Si pourtant ils sont une lecture pour temps de crise, alors peut-être est-il plus que jamais le temps de les lire.

Ce genre littéraire, apparu dans les derniers siècles avant l'ère chrétienne, est souvent déroutant : c'est à travers des images généralement grandioses, cosmiques, parfois traversées de monstres bizarres et de considérations numériques incompréhensibles, qu'ils prétendent livrer le secret, la clef des crises que connaît l'histoire des hommes. Des textes apocalyptiques, on en trouve dans toute la Bible : dans les livres les plus tardifs de l'Ancien Testament, comme celui de Daniel, et dans bien des livres du Nouveau, à commencer naturellement par le dernier de la Bible chrétienne, à l'interprétation notoirement difficile, qui apparaît comme un sommet du genre, au point qu'on le désigne comme « le livre de l'Apocalypse ». Mais on en trouve également des expressions dans les quatre évangiles, ces récits de la vie du Christ, qui les donnent à entendre de la bouche même de Jésus, et nous en rapportent un long discours clairement apocalyptique, tant il en reprend les thèmes : l'attente impatiente de la fin du monde, une vision historique aux dimensions de l'univers, l'annonce de catastrophes, une ambiance dramatique.

L'évangile de Marc, sans doute le plus ancien des quatre, y consacre l'ensemble de son chapitre 13. C'est le seul véritable discours de Jésus que Marc, au style sobre et ramassé, ait jugé nécessaire de nous transmettre : dans toute autre circonstance, une phrase ou deux du Maître semblaient suffisantes, mais il fallait nécessairement garder une mémoire plus précise, plus complète, de l'enseignement du Christ relatif à la fin des temps. Les autres évangélistes reprendront ce discours, y ajoutant des détails, mais Marc s'efforce d'aller toujours à l'essentiel.

Jésus, monté à Jérusalem pour la fête de la Pâque, a été accueilli joyeusement par la foule à son entrée dans la ville quelques jours plus tôt, mais la tension avec les autorités religieuses et politiques de son temps est à son comble. Son enseignement dans la Ville sainte est marqué par un sentiment d'urgence : dans quelques jours à peine, il le sait, il sera arrêté, torturé, mis à mort. Il n'y a plus de temps à perdre. La croix étend déjà son ombre tragique sur la Bonne Nouvelle, dont le monde a plus besoin que jamais. Dans le Temple, ses ennemis viennent tenter de le prendre au piège, l'interrogeant sur l'impôt dû à César, la possibilité de la résurrection ou le plus grand des commandements, accumulant polémique sur polémique. Jésus répond, sans se laisser déstabiliser, mais déjà son regard porte ailleurs : il invite ses disciples à prêter leur attention à l'offrande que dépose une pauvre veuve. C'est, ce jour-là, ce qu'il y a de plus important à voir.

Mais les disciples ne se laissent pas si facilement instruire, et préfèrent s'attarder sur un spectacle plus imposant :

Comme il s'en allait hors du Temple, un de ses disciples lui dit : « Maître, regarde, quelles pierres ! quelles constructions ! » Et Jésus lui dit : « Tu vois ces grandes constructions ? Il n'en restera pas pierre sur pierre qui ne soit jetée bas[1]. »

Cette sentence étrange annonçant la destruction du Temple, ou au moins proclamant sa fragilité – comme toute chose en ce monde destinée à passer –, marque les disciples. Assis avec Jésus au mont des Oliviers, en face du Temple, continuant à admirer la majesté du sanctuaire ainsi condamné, quatre d'entre eux, parmi les plus proches, les quatre premiers appelés, deux paires de frères, André et Pierre, Jacques et Jean, tous quatre pêcheurs sur la mer de Galilée invités un matin à quitter leurs filets, interrogent Jésus sur cette parole énigmatique et inquiétante au sujet du Temple :

« *Dis-nous quand cela aura lieu et quel sera le signe que tout cela va finir*[2] ? »

Question légitime, nécessaire, face à une si néfaste prédiction. Mais Jésus, comme à l'ordinaire, ne répond pas vraiment. Au lieu

1. Évangile selon saint Marc, chapitre 13, versets 1 et 2.
2. Verset 4.

d'entrer dans les détails, il élargit le propos. Le signe que « tout cela » va finir ? Jésus fait mine de comprendre qu'on parle non du Temple, mais de l'univers ; que « tout cela », c'est « tout » tout court, c'est le monde entier. Et voilà qu'il délivre à ses quatre disciples un long discours apocalyptique où, du Temple qui était le sujet initial de leur demande, il ne sera plus question.

Alors Jésus se mit à leur dire : « Prenez garde qu'on ne vous abuse. Il en viendra beaucoup sous mon nom, qui diront : "C'est moi", et ils abuseront bien des gens. Lorsque vous entendrez parler de guerres et de rumeurs de guerres, ne vous alarmez pas : il faut que cela arrive, mais ce ne sera pas encore la fin. On se dressera, en effet, nation contre nation et royaume contre royaume. Il y aura par endroits des tremblements de terre, il y aura des famines. Ce sera le commencement des douleurs de l'enfantement.

Soyez sur vos gardes. On vous livrera aux sanhédrins, vous serez battus de verges dans les synagogues et vous comparaîtrez devant des gouverneurs et des rois, à cause de moi, pour rendre témoignage en face d'eux. Il faut d'abord que l'Évangile soit proclamé à toutes les nations. Et quand on vous emmènera pour vous livrer, ne vous préoccupez pas de ce que vous direz, mais dites ce qui vous sera donné sur le moment : car ce n'est pas vous qui parlerez, mais l'Esprit Saint. Le frère livrera son frère à la mort, et le père son enfant ; les enfants se dresseront contre leurs parents et les feront mourir. Et vous serez haïs de tous à cause de mon nom, mais celui qui aura tenu bon jusqu'au bout, celui-là sera sauvé[1]. »

Après cette annonce des premières douleurs de l'enfantement, qui passeront par des guerres, des tremblements de terre et des famines, mais aussi pour les chrétiens par des persécutions terribles, Jésus décrit un événement mystérieux, mais redoutable, qui semble devoir s'abattre sur la Judée,

1. Versets 5 à 13.

qu'on désignera par le mot, rare en français, de « tribulation » :

« *Lorsque vous verrez l'abomination de la désolation installée là où elle ne doit pas être (que le lecteur comprenne !) alors que ceux qui seront en Judée s'enfuient dans les montagnes, que celui qui sera sur la terrasse ne descende pas pour rentrer dans sa maison et prendre ses affaires ; et que celui qui sera aux champs ne retourne pas en arrière pour prendre son manteau ! Malheur à celles qui seront enceintes et à celles qui allaiteront en ces jours-là ! Priez pour que cela ne tombe pas en hiver. Car en ces jours-là il y aura une tribulation telle qu'il n'y en a pas eu de pareille depuis le commencement de la création qu'a créée Dieu jusqu'à ce jour, et qu'il n'y en aura jamais plus. Et si le Seigneur n'avait abrégé ces jours, nul n'aurait eu la vie sauve ; mais à cause des élus qu'il a choisis, il a abrégé ces jours. Alors si quelqu'un vous dit : "Voici : le Christ est ici !", "Voici : il est là !", n'en croyez rien. Il surgira, en effet, des faux Christs et des faux prophètes qui opéreront des signes et des prodiges pour abuser, s'il était possible, les élus. Pour vous, soyez en garde : je vous ai prévenus de tout*[1]. »

Cet événement inconnu, qui s'accompagnera de la venue de faux prophètes, prendra alors des dimensions cosmiques, annonciatrices de la fin :

« *Mais en ces jours-là, après cette tribulation, le soleil s'obscurcira, la lune ne donnera plus sa lumière, les étoiles se mettront à tomber du ciel et les puissances qui sont dans les cieux seront ébranlées. Et alors on verra le Fils de l'homme venant dans des nuées avec grande puissance et gloire. Et alors il enverra les anges pour rassembler ses élus, des quatre vents, de l'extrémité de la terre à l'extrémité du ciel*[2]. »

À cette annonce grandiose du retour du Fils de l'Homme, Jésus ajoute, bien dans sa manière, deux petites paraboles. La première est agricole, champêtre, fruitière :

1. Versets 14 à 23.
2. Versets 24 à 27.

« Du figuier apprenez cette parabole. Dès que sa ramure devient flexible et que ses feuilles poussent, vous comprenez que l'été est proche. Ainsi vous, lorsque vous verrez cela arriver, comprenez qu'Il est proche, aux portes. En vérité je vous le dis, cette génération ne passera pas que tout cela ne soit arrivé. Le ciel et la terre passeront, mais mes paroles ne passeront point. Quant à la date de ce jour, ou à l'heure, personne ne les connaît, ni les anges dans le ciel, ni le Fils, personne que le Père[1]. »

Puis Jésus conclut par une seconde parabole, appelant ses disciples à la vigilance :

« Soyez sur vos gardes, veillez, car vous ne savez pas quand ce sera le moment. Il en sera comme d'un homme parti en voyage : il a quitté sa maison, donné pouvoir à ses serviteurs, à chacun sa tâche, et au portier il a recommandé de veiller. Veillez donc, car vous ne savez pas quand le maître de la mai-

1. Versets 28 à 32.

son va venir, le soir, à minuit, au chant du coq ou le matin, de peur que, venant à l'improviste, il ne vous trouve endormis. Et ce que je vous dis à vous, je le dis à tous : veillez[1] *!* »

Cette longue page d'Évangile mériterait d'amples commentaires, tant elle est riche d'allusions et de citations ; elle emprunte plusieurs images au livre de Daniel, un livre assez tardif de l'Ancien Testament attribué au prophète du même nom, aux nombreux accents apocalyptiques ; c'est notamment à une vision de ce livre que Jésus emprunte cette appellation messianique mystérieuse par laquelle il se désigne lui-même tout au long de son enseignement, « le Fils de l'Homme » : une manière de se présenter comme l'envoyé de Dieu, celui qu'on appelle le Messie. Je n'ai cependant pas l'ambition de proposer, dans ce petit livre, un commentaire exhaustif qui irait solliciter les correspondances, débusquer les structures littéraires et chercher les

1. Versets 33 à 37.

harmoniques bibliques portées par chaque mot. Cela a déjà été fait par des biblistes bien plus compétents que moi. Mon projet est plus modeste : proposer simplement de lire ce discours de Jésus. Car curieusement, alors que nous devrions dresser l'oreille quand Jésus parle de guerres, d'épidémies, de famine et de catastrophes naturelles, alors que nous avons plus que jamais besoin d'aide et de sens, nous préférons, le plus souvent, sauter la page et aller chercher dans l'Évangile des versets plus ensoleillés. Il est vrai que ce discours apocalyptique n'a, à première vue, rien de réjouissant ; mais reconnaissons-le, notre actualité ne l'est guère non plus. Et tout le paradoxe de la Bonne Nouvelle, c'est qu'il nous faut peut-être accepter de parler un peu de la fin du monde pour retrouver, dans ce monde même, un soupçon d'espérance.

1.

70 après Jésus-Christ. Au terme d'une guerre d'une rare violence, les légions romaines ont écrasé l'âpre résistance des Judéens. Pour parachever leur victoire, elles entreprennent de détruire l'immense Temple de Jérusalem, siège du Dieu terrible et mystérieux au nom duquel les révoltés ont combattu avec tant d'énergie. Restés autant que possible à l'écart des combats, les membres des premières communautés chrétiennes de Palestine ne voient pas sans émotion la formidable logistique impériale démanteler le sanctuaire, car ils se souviennent de cette parole de Jésus : « Il n'en restera pas pierre sur pierre. » Ils n'ont pas davantage oublié qu'à une question posée par ses disciples sur cette destruction annoncée du Temple, le Christ a répondu par un long discours sur la fin des temps. Les guerres, les famines,

ne viennent-ils pas de les vivre dans toute leur dureté ? La révolte juive n'a-t-elle pas donné lieu à la multiplication des faux messies autoproclamés ? La grande tribulation de la Judée annoncée par Jésus n'est-elle pas justement cette invasion, et la mystérieuse « abomination de la désolation », n'est-ce pas les idoles que les Romains ont apportées jusque dans le Lieu saint ? Les chrétiens, d'ailleurs, ne sont-ils pas l'objet de persécution dans tout l'Empire, comme le Maître l'avait prédit ? Ne dirait-on pas qu'à l'évidence, tous les signes listés par Jésus sont arrivés : les temps sont accomplis, la fin du monde est là. Le Christ n'avait-il pas dit que tout cela arriverait du vivant de la première génération de ses disciples, ceux-là mêmes qui sont en train de mourir ? Plus de doute possible, nous y sommes. Veillons, mes frères : les temps sont proches.

410 après Jésus-Christ. La nouvelle parvient sans tarder aux confins les plus reculés de l'Empire : dans la chaleur étouffante du mois d'août, les Wisigoths d'Alaric ont mis

Rome à sac. La présence d'armées barbares n'est pas nouvelle dans un Empire déjà mis à mal, mais le pillage de la Ville éternelle, préservée de l'envahisseur depuis mille ans, provoque stupeur et angoisse. Trente ans plus tôt, l'Empire a choisi le christianisme comme unique religion officielle de l'État. Voilà le résultat de l'abandon des dieux de la cité ! se lamentent quelques vieilles familles patriciennes restées fidèles à l'ancien culte, devant le désolant spectacle de la ruine de la capitale. Parmi les chrétiens, l'incompréhension domine : pourquoi l'Empire s'effondre-t-il précisément quand il se met au service du projet de Dieu ? Mais parmi eux, certains savent à quoi s'en tenir : nous voilà arrivés à la fin des temps. Les signes sont sans ambiguïté. Jésus n'avait-il pas dit qu'il fallait que l'Évangile parvienne d'abord aux extrémités de la terre ? Voilà qu'avec la christianisation de l'Empire, la Bonne Nouvelle est arrivée aux limites du monde. En s'attaquant à la Rome chrétienne, les barbares ont, sans le savoir, engagé le combat final, celui de la grande tribulation annoncée, qui s'achèvera par le retour du Christ. *Oremus, fratres* : nous y voilà.

An de grâce 1348. Partie des steppes d'Asie, la maladie a ravagé des empires entiers avant d'atteindre la Chrétienté. On a beau supplier Dieu, on n'y meurt pas moins qu'ailleurs : en cinq ou six ans, c'est peut-être la moitié de l'Europe qui succombe à la Peste noire. On accuse les juifs, mais leur persécution ne résout rien. Cette calamité d'une extrême violence vient frapper un monde déjà ravagé par la guerre, notamment cette guerre franco-anglaise dont on ignore encore qu'elle durera plus de cent ans. Depuis quarante ans, la papauté est installée, provisoirement dit-on, à Avignon, loin de Rome, aux frontières d'un royaume de France qui entend contrôler l'Église : bientôt, les catholiques devront choisir entre deux papes, et même trois. Le bel édifice de la Chrétienté, avec ses cathédrales et ses universités, menace ruine. Des compagnies de pénitents entreprennent de demander à Dieu pardon pour les péchés du monde, alors qu'à l'évidence, tout indique que le retour du Christ est là, à notre porte. Revenez à Dieu et faites pénitence : le Jugement final commence.

Il serait facile de poursuivre et de compléter cette brève énumération historique, car il n'est guère d'époque où personne ne se soit cru contemporain de la fin des temps. Les grandes catastrophes semblent propices à convaincre de plus grands nombres, mais chaque siècle, chaque climat, voient éclore de petites sectes apocalyptiques, du montanisme antique aux forcenés américains dont les médias se font parfois l'écho, innombrables confettis aux doctrines et aux pratiques diverses, présents aussi dans le monde musulman, sans doute également dans bien d'autres cultures dont j'ignore tout, et qui ne partagent guère qu'une chose : leur commune et évidente erreur. Car il est clair que tous ceux qui ont, jusqu'à présent, annoncé l'imminence de la fin du monde se sont toujours trompés. Même ceux qui avaient, en apparence, le plus de bonnes raisons d'y croire, comme dans les circonstances qu'on vient rapidement d'esquisser, ont eu tout faux : le monde a continué sa course folle, sans paraître se soucier de leurs vaticinations messianiques.

Voilà qui peut à bon droit lasser la patience des plus résilients. S'il y a toujours des illuminés qui annoncent avec assurance avoir déchiffré tous les signes et pouvoir prédire la fin des temps pour une date toute proche, vous et moi, gens naturellement raisonnables et prudents, hésiterons avant d'ajouter notre nom à une liste dont les membres se sont absolument tous trompés. Bien sûr, nous savons que, puisque cela finira certainement par arriver, une génération pourra le dire à bon droit ; mais pourquoi faudrait-il que ce fût la nôtre, quand tous ceux qui l'ont cru jusqu'à présent ont fait fausse route ? Le calcul des probabilités n'est guère favorable aux prophètes de l'Apocalypse. Il faudrait pour nous convaincre de sacrées bonnes raisons.

Il y a plus. Nous sommes également devenus réticents, à juste titre sans doute, à voir en Dieu la cause unique des événements du monde : prétendre donner une explication théologique aux épidémies, aux guerres, aux intempéries, cela nous rappelle furieusement des âges peu glorieux où la foi faisait trop bon ménage avec l'ignorance des mécanismes véritables, où c'est à la prière et au culte qu'on confiait les inévitables incertitudes de l'agriculture, où un tremblement de terre était l'occasion, pour un prédicateur, d'inviter les hommes à se repentir de leurs péchés qui, provoquant la colère du Créateur, avaient entraîné ce malheur en guise de châtiment. Le développement des connaissances scientifiques, rendant moins merveilleux nombre de phénomènes, a produit un désenchantement du monde qui a fait heureusement sortir les catastrophes naturelles du rayon des manifestations surnaturelles de la puissance divine. La tectonique des plaques a dépouillé Dieu d'une bonne partie de l'arsenal qui pouvait nous tenir en respect, ce dont on devrait se réjouir, car cela le faisait davantage ressembler à Jupiter agitant son foudre qu'au Dieu de Jésus-Christ.

Mais ce désarmement s'est accompagné d'un curieux renversement. Quand un terrible tremblement de terre détruit la ville de Lisbonne, le jour de la Toussaint 1755, tous les ingrédients devaient être réunis pour amener les gens, comme par le passé, à demander pardon à Dieu pour leurs nombreuses fautes : l'intensité du séisme, suivi par un tsunami de grande ampleur et de nombreux incendies, le nombre incroyablement élevé de victimes (peut-être jusqu'à cent mille morts), qui plus est le jour d'une solennité religieuse, tout invitait à voir dans la catastrophe le signe évident du courroux divin. En ce siècle des Lumières, pourtant, on va plutôt efforcer de rechercher une explication scientifique satisfaisante au phénomène. Commencent alors les études qui conduiront à la sismographie moderne : bien plus qu'un retour à Dieu, c'est un dépassement des explications théologiques qui se produit. Dieu n'est pas pour autant oublié, mais au lieu du fauteuil du terrible juge, il occupe désormais la sellette de l'accusé : s'il laisse se produire de telles catastrophes, comment peut-on affirmer qu'il est bon ? N'est-ce pas au contraire la preuve de sa méchanceté, ou plus probablement encore de son inexistence ? Les malheurs du monde ne provoquent plus la soumission, mais la révolte : loin de demander pardon à Dieu pour leurs péchés, c'est désormais à Dieu que les hommes demandent des comptes. Face à ces attaques, les croyants font profil bas, et trouvent eux aussi bien commode d'attribuer la responsabilité des catastrophes à des causes naturelles : la science offre des explications tout à fait convaincantes, et le péché n'a rien à voir là-dedans. Sortir Dieu de ce genre d'événements convient finalement très bien à tout le monde.

C'est ainsi que, peu à peu, nous avons abandonné les explications théologiques. Alors que, pendant des siècles, les processions et les vœux à la Vierge avaient constitué l'essentiel de la politique sanitaire face aux épidémies, la pandémie de Covid-19 a montré qu'à l'évidence, nous avions changé d'époque : on ne s'est guère avisé, dans l'Église catholique, d'y donner à voir le châtiment divin des errements de notre époque. Au contraire, une explication de ce genre aurait paru, aux chrétiens, bien indigne de Dieu et très éloignée de l'Évangile. Chacun a pu prier, bien sûr, pour la guérison d'un proche, ou même pour la fin de l'épidémie, mais personne ne s'est hasardé, dans les débats sur la responsabilité du pangolin ou des laboratoires chinois, à proposer le bon Dieu pour allonger la liste des suspects. Quand la biologie fait le travail, la théologie est inutile.

Au terme de cette lente évolution qui a permis de cesser d'employer Dieu comme le joker de notre ignorance, comme l'explication de tous les phénomènes mystérieux, maintenant que nous avons cantonné Dieu aux seules limites de la vie spirituelle, nous voilà un tantinet encombrés par les grandes fresques apocalyptiques de la Bible, qui donnent à voir un Dieu intervenant dans l'histoire, et où les grandes catastrophes cosmiques sont davantage des événements de l'histoire du salut que des épisodes destinés à la curiosité des astronomes. Sans doute est-ce précisément à cause de cet embarras grandissant que nous sommes parvenus, au fil des siècles, à ne plus lire le discours apocalyptique de Jésus. On ne l'a pas supprimé des Bibles, bien sûr, et on ne se prive même pas de le lire le dimanche à la messe au début de l'Avent. Mais nous avons trouvé quelque chose de bien plus efficace que ce genre de censure vulgaire consistant à cacher un texte. Nous avons au contraire réussi, tout en l'ayant littéralement sous les yeux, à ne plus l'apercevoir, au prix d'une gymnastique intellectuelle astucieuse.

Depuis que je dis m'intéresser à cette page d'Évangile, je rencontre autour de moi, jusque chez les plus réguliers des catholiques pratiquants, une certaine perplexité. Vraiment, Jésus parle de la fin des temps ? On trouve dans l'Évangile un discours sur le sujet, réellement ? On sait bien, en général, qu'il y a quelques éléments apocalyptiques dans le livre de l'Apocalypse, comme de juste, mais l'étrangeté symbolique de ce dernier livre du Nouveau Testament nous dispense en général de chercher à les comprendre. Il y aurait aussi ce genre d'images étranges dans la bouche même de Jésus ? Voilà qui nous étonne davantage et qui, à vrai dire, nous gêne un peu. C'est pourquoi nous avons, collectivement et bien sûr implicitement, développé au fil des siècles quelques stratégies pour nous sortir d'embarras, pour rendre inoffensif un tel discours évangélique, si inoffensif qu'on ne le voit même plus.

La première de ces stratégies, c'est l'histoire : on essaie de réduire ces pages à une méditation des premiers chrétiens sur un événement historique traumatisant, celui de la destruction du Temple de Jérusalem, que

Jésus aurait annoncé. Mais cette stratégie se heurte à bien des difficultés, dont la première est que, mis à part la réponse de Jésus à ses disciples sur ce Temple dont bientôt « il ne restera pas pierre sur pierre », le discours apocalyptique de Jésus n'évoque ensuite jamais clairement ni le Temple ni sa destruction. Il est bien question d'une tribulation en Judée, mais les rapprochements que l'on peut opérer avec la ruine du Temple par Titus reposent sur des allusions si vagues qu'elles en deviennent bien improbables : on est bien loin d'une méditation théologique après coup sur le sens de cette catastrophe. Rien ne vient confirmer cette lecture qui aurait pour effet de ne voir dans la Parole de Dieu qu'une réalité morte, un témoin du passé qui n'a rien de plus à nous dire qu'un vestige archéologique.

L'autre stratégie que nous avons collectivement mise en œuvre pour désamorcer cette dérangeante page d'Évangile est plus convaincante : il s'agit de spiritualiser le discours de Jésus, d'interpréter les catastrophes historiques et cosmiques qu'il présente comme une manière imagée de décrire notre vie intérieure personnelle, avec ses difficultés, ses angoisses, son péché ; le retour annoncé du Christ à la fin des temps serait seulement une façon d'évoquer notre propre mort, la fin de notre vie. Cette lecture est loin d'être illégitime, et elle est d'ailleurs, dans son principe, fort traditionnelle, à la condition toutefois de ne pas se présenter comme exclusive : il se peut bien que la désolation du monde soit *aussi* celle de l'âme, mais on ne peut réduire la foi chrétienne à une réalité purement individuelle, sans lien les uns avec les autres. Dieu n'a pas en vue seulement *mon* salut, *ma* consolation, *mon* pardon : ce qu'il veut sauver, consoler, pardonner, c'est un peuple, pas des monades déconnectées. Il se présente sans cesse comme le Dieu de l'histoire, et pas seulement comme le Dieu de l'intime ; il parle au plus secret du cœur, mais il se révèle aussi avec force au Sinaï ou sur le mont des Béatitudes ; il sait se faire discret, mais il sait aussi sauver son peuple de l'esclavage d'Égypte à main forte et à bras étendu ; il ne s'intéresse pas seulement aux âmes, mais encore à l'ensemble de cette création qui est son œuvre. Il est tentant de présenter le christianisme comme un déisme purement spirituel, débarrassé de cette annonce eschatologique qui peut paraître bizarre ou peu raisonnable à nos contemporains, mais c'est prendre le risque de le dénaturer profondément. Car un fait demeure, difficilement contestable : Jésus a annoncé son retour à la fin des temps, et ce retour est un événement pour la création tout entière.

Le paradoxe, c'est que ces stratégies de neutralisation de l'encombrant discours apocalyptique sont à peu près parvenues à leur fin précisément quand le réel nous rattrape, quand il devient plus difficile que jamais de relire ce discours sans penser justement à notre actualité. Notre monde est menacé par la destruction nucléaire, le changement climatique entraîne déjà des épisodes dramatiques qui ne sont que l'avant-goût des catastrophes naturelles et humaines qui nous attendent, et l'on voudrait réduire la foi chrétienne à un exercice de méditation individuelle, une concurrente des méthodes de développement personnel ou à un ensemble d'injonctions moralisatrices sur la sexualité ? La Parole de Dieu nous laisserait sans ressources face à des périls mortels pour l'humanité entière ? Le risque que l'on fait courir à la Parole de Dieu, quand on la prive de toute portée réelle sur la marche du monde, c'est celui de l'insignifiance. La foi chrétienne ne saurait être un luxe pour temps calme, un petit supplément d'âme sympathique qu'on pourrait convoquer une fois les questions sérieuses réglées, une fois les menaces écartées grâce à l'intervention des véritables experts – géopoliticiens, climatologues, épidémiologistes, ou encore éditorialistes évidemment pourvus de toutes ces compétences. Si la Parole de Dieu n'a rien à nous dire dans des situations dramatiques comme ces périls auxquels nous faisons aujourd'hui face, alors elle n'a aucun intérêt. La question de foi est, au vrai, vertigineuse : quelle place sommes-nous prêts à lui accorder, à cette Parole de Dieu, quand les choses deviennent sérieuses, quand les questions sont vitales ?

Notre actualité dramatique nous pousse à relire ce discours de Jésus et à redonner à Dieu une place dans l'histoire du monde. Mais est-il possible de le faire sans devenir une secte d'illuminés, jetant à la face du monde de lugubres prophéties sur l'imminence de la fin des temps ? Sommes-nous contraints de choisir entre l'insignifiance et l'hystérie ?

2.

« Que le lecteur comprenne ! » Cette injonction lancée par Jésus en incise, alors qu'il commence à employer de déroutantes expressions – « l'abomination de la désolation », la grande « tribulation » de Jérusalem... – semble un défi jeté à la sagacité des croyants sommés de déchiffrer l'énigme qui leur est proposée et d'identifier les réalités et les événements du monde auxquels ces mots et ces images renvoient. La parabole du figuier paraît aller dans le même sens : nous qui savons lire les signes de l'approche de l'été, nous devrions déployer la même énergie à résoudre les charades proposées par la Bible. Jésus nous donne quelques éléments pour décoder la fin des temps : à nous de fournir un petit effort d'interprétation.

Évidemment, tous ceux qui s'y sont essayés jusqu'à présent s'y sont cassé les dents, parce qu'ils ne vivaient pas à la bonne époque : la fin du monde n'était pas encore arrivée. Mais alors ? La parole de Jésus ne vaut-elle que pour une seule génération, se résumant pour toutes les autres à une énigme insoluble et trompeuse sur laquelle on perdrait son temps ? Comment savoir que cette génération somme toute chanceuse est bien la nôtre, et s'il est utile de chercher, dans notre actualité dramatique, cette « abomination de la désolation » que des croyants de bonne foi ont cru pouvoir discerner par exemple, sans grand succès, dans la naissance de l'islam ou la Révolution française ?

D'autant plus que Jésus brouille les pistes : il nous indique que les événements qu'il annonce auront lieu du vivant même de sa génération à lui – ce qui apparemment ne s'est pas produit ; et il ajoute aussitôt, sans paraître se soucier de la contradiction manifeste, que ce jour, personne, pas même lui, n'en connaît la date. Alors à quoi bon ? Si personne n'en sait rien, pourquoi perdre son temps et sa peine à comprendre des avertissements obscurs et incertains ? Est-ce que l'ensemble du chapitre a encore une signification quelconque ? Ou faut-il y voir un ensemble incohérent de prophéties aussi échevelées qu'inaccomplies, dont les chrétiens ont conservé la trace tout en sachant qu'elles ne méritaient guère d'attention ?

Si l'on veut bien admettre que Jésus ne dit pas n'importe quoi, il faut sans doute comprendre sa remarque sur l'ignorance du jour et de l'heure, non comme une façon d'annuler tout ce qu'il vient de dire, mais bien comme une indication précieuse : la Bible n'est pas la page « Jeux » du *Journal de Mickey*, et il ne faut pas traiter le discours apocalyptique comme une gigantesque énigme à déchiffrer, l'annonce voilée d'événements à venir qu'il s'agirait d'identifier avec sagacité. Cette mise en garde n'est pas inutile, tant ce petit jeu des correspondances nous paraît naturel. À la suite d'une conférence où j'exprimais quelque chose de ce genre, sans doute de manière assez confuse, et dont la diffusion en ligne avait rencontré un large public, j'ai reçu un abondant courrier. On m'y proposait un grand nombre d'identifications inédites et ingénieuses des éléments listés par l'Évangile qui menaient pour la plupart à la même conclusion : nous voilà arrivés à la fin des temps, qui devrait se produire de manière imminente. Or mon propos était précisément de dire, à la suite de Jésus, que nous n'en savons rien, et qu'on ne peut se satisfaire d'une démarche qui revient à traiter la Parole de Dieu comme une devinette.

La fin des temps est-elle pour demain, pour la semaine prochaine, ou devons-nous encore attendre quelques millions d'années ? Je l'ignore, et tout le monde l'ignore : ce n'est donc pas la question. Ce que je sais, en revanche, c'est que la fin est déjà là comme principe qui agit au cœur de notre histoire, laquelle ne se déroule pas tout à fait à l'aveugle. La fin est présente tout au long de l'histoire comme le but vers lequel elle tend. Ce n'est sans doute pas un hasard si, dans le grec de l'Évangile, Jésus n'emploie pas, pour désigner la « fin », le mot *eschaton*, qui renvoie aux derniers temps et a donné notre « eschatologie », mais plutôt le mot *telos*, qui a, comme notre mot français, un double sens : à la fois terme, conclusion, et but, accomplissement, finalité. La fin dont parle Jésus n'est pas le moment où tout s'arrêtera, mais au contraire cet achèvement vers lequel tend toute l'histoire humaine.

Quitte à assommer le lecteur avec des mots grecs, sans doute est-ce le moment de rappeler que le terme « apocalypse », avant de désigner pour nous la fin des temps ou, par métaphore, toute situation sans issue, signifie originellement « dévoilement », « révélation » – c'est-à-dire une manière de donner à voir ce principe agissant, cette fin déjà à l'œuvre dans l'histoire. Il ne s'agit pas d'embrouiller artificiellement une vérité, de la crypter pour la rendre moins accessible au vulgaire, mais au contraire de lever tous les obstacles qui en rendent la compréhension difficile, de la décrypter. Un discours apocalyptique n'est donc pas un rébus à déchiffrer, mais un sens à accueillir. Oublier cela, c'est se condamner à se heurter à une page d'Évangile toujours obscure qu'on essaiera tant bien que mal d'éclairer artificiellement en fonction de nos opinions sur l'actualité.

Comprendre ainsi le discours apocalyptique de Jésus, c'est accepter de renoncer à y chercher un quelconque calendrier de la fin des temps, puisqu'il en déclare l'inanité ; c'est abandonner l'espoir d'y trouver une description, même imagée, des événements de la fin du monde ; mais c'est accepter d'y découvrir le sens de l'histoire humaine, c'est-à-dire à la fois sa signification et la direction qu'elle emprunte. Le Christ ne nous invite pas à identifier le bon conflit, le bon séisme, l'exact faux prophète qu'il a pu annoncer, pour les dénoncer comme des événements ou des personnages de la fin du monde, mais bien à comprendre la signification de ces éléments tragiques qui forment la trame de notre histoire. L'enseignement de Jésus ne vaut pas pour une seule époque, celle qui aurait sous les yeux la solution de l'énigme, les correspondances exactes ; à toutes les générations, il vient révéler ce qui se joue véritablement sous les apparences trompeuses, superficielles, de l'actualité. Ce ne sont pas les événements qui nous permettent de lire et de comprendre notre texte, mais au contraire, c'est ce discours apocalyptique qui nous permet de saisir ce qui se passe dans notre monde.

Voilà qui n'est, en apparence, guère réjouissant. Si ce discours de Jésus nous révèle le sens de l'histoire, alors cette dernière est particulièrement sombre. Les différentes pensées qui en ont, depuis les Lumières, proposé des philosophies nous avaient plutôt habitués à la comprendre comme une forme de progrès, sans doute discontinu, susceptible de défaites provisoires et de retours en arrière, mais marchant néanmoins d'un pas aussi résolu qu'inexorable vers le bien, vers l'abondance, vers le triomphe de la science, vers la démocratie, vers la société sans classe ou l'abolition des dominations. Le progrès scientifique et technique exceptionnel que nous avons connu ces derniers siècles, en particulier les réussites incontestables de la médecine, confirmait cette vision des choses, comme la remarquable expansion économique qui l'a accompagné, dont nous commençons tout juste à comprendre qu'elle comporte aussi des effets délétères. Nous savions naturellement que tout n'allait pas bien, mais nous pouvions croire cependant que les choses s'amélioraient. Ces schémas de pensée sont si profondément ancrés, ils informent si puissamment notre appréhension du réel que nous avons du mal à y renoncer tout à fait devant les démentis flagrants que nous offre l'actualité. Nous restons, volontairement ou non, consciemment ou non, orphelins des mythes du progrès, et nous serions bien contents de leur trouver un substitut chrétien, une garantie divine que, malgré quelques péripéties, tout ira pour le mieux. Ne serait-ce pas un juste retour des choses, puisque de l'avis général, ces philosophies de l'histoire auraient simplement transposé sur terre une espérance chrétienne, laïcisé la foi au salut et au paradis ? Ainsi, ne serait-il pas raisonnable d'espérer que la diffusion de la Bonne Nouvelle dans le monde entier, malgré quelques échecs comme le déclin actuel du christianisme en Europe, construise progressivement une société plus juste et plus fraternelle, plus conforme à l'enseignement de Jésus, dont la pauvreté, la violence et la guerre disparaîtraient progressivement ?

Malheureusement, Jésus ne nous promet pas cela du tout. Il envisage bien, c'est vrai, la diffusion de l'Évangile, « proclamé à toutes les nations », mais il n'en attend nullement les fruits que nous semblerions en droit d'espérer de cette évangélisation du monde. Elle s'accompagnera au contraire, d'après lui, de persécutions d'une grande violence, divisant mortellement les familles même, dans un contexte de conflits, de tremblements de terre et de famines, où les faux prophètes pulluleront. Est-ce donc bien la peine d'annoncer une Bonne Nouvelle qui produit des effets pareils ?

Comment, d'ailleurs, expliquer ce paradoxe ? L'annonce de l'amour de Dieu au monde ne devrait-elle pas le rendre meilleur ? En réalité, cette annonce agit comme une révélation – ou, si on préfère, une apocalypse – de ce qui se passe dans le cœur de chacun. L'amour ne provoque pas toujours l'amour ; il peut au contraire provoquer le rejet, le mépris, la haine. Le cistercien américain Thomas Merton raconte comment, dans son enfance, il lui arrivait de rejeter, en allant jusqu'à lui jeter des cailloux, son petit frère qui ne souhaitait rien d'autre que le suivre et l'accompagner partout ; devenu adulte, il voit dans cette réaction une parfaite image du péché : le refus net, définitif, violent d'un amour simplement donné. Sans doute convient-il, dans son exemple, de faire la part du besoin d'autonomie nécessaire à la croissance d'un enfant et des complexes enjeux de rivalité toujours présents dans une fratrie : qu'on n'aille donc pas trop vite jeter la pierre, à notre tour, à l'enfant qu'il était. Mais le mécanisme qu'il décrit est bien réel. L'amour nous oblige à choisir. Il nous contraint à répondre, par la gratitude ou le rejet, et il n'est pas si facile qu'on le croit d'accepter d'être aimé. Nous désirons tous l'être, bien sûr, et pourtant rien n'est plus déstabilisant que de se savoir aimé. Toutes nos relations personnelles, nous en faisons quotidiennement l'expérience, sont compliquées par ce fait très simple, qui est en nous la marque même de ce que les théologiens appellent le « péché originel », le péché présent en nous : il est difficile d'accepter d'être aimé. L'amour dont on est aimé nous met en crise, au sens où il nous place devant un choix imprévu et nécessaire qui nous fait un instant perdre pied.

Il n'en va pas très différemment quand il s'agit de l'amour de Dieu. Car l'évangélisation du monde, ce n'est pas l'expansion du club des chrétiens qui recruterait de nouveaux membres ; c'est l'annonce, à temps et à contretemps, de l'amour de Dieu pour le monde, révélé en Jésus-Christ. Nos tentatives en ce sens sont souvent maladroites, ou mêlées d'envie de convaincre et de passion d'avoir raison ; aussi devons-nous nous garder de croire, quand elles sont repoussées, que c'est Dieu lui-même qui est ainsi rejeté. Mais quand, par grâce, j'entrevois ce que peut être l'amour de Dieu pour moi, l'amour de Dieu pour le monde, ce n'est pas plus facile : cet amour inconditionnel, total, est proprement bouleversant. Il peut me remplir de joie, mais aussi de confusion, de l'embarras qu'on ressent devant un cadeau, de la honte de ne pas l'avoir mérité, d'affolement face à l'inattendu, de jalousie aussi quand il faut le partager, parfois de colère et de haine.

Notre vie spirituelle n'est pas autre chose que le patient accueil de cet amour qui s'invite un jour dans notre existence. Il faut n'en avoir aucune expérience pour penser qu'il ne rencontrera en nous aucune résistance – et c'est précisément cette résistance qu'on appelle le péché, et la patiente usure de cette résistance qu'on appelle la vertu.

La révélation de l'amour de Dieu se heurte toujours à des obstacles. Sa révélation complète, par la venue du Christ, n'a nullement fait l'unanimité : elle a suscité à la fois un immense enthousiasme, une espérance nouvelle, des guérisons nombreuses et des conversions plus nombreuses encore, mais aussi méfiance, jalousie et violence. Les raisons qui ont fait aimer Jésus – son accueil inconditionnel des pécheurs, son obstination à donner Dieu à tous – sont aussi celles qui l'ont fait haïr. La rencontre du Dieu fait homme provoque, à quelques instants d'intervalle, le repentir du Bon Larron et l'indifférence meurtrière de Pilate. La venue de Jésus est, en ce sens, « apocalypse », dévoilement de ce qui est caché dans le cœur de l'homme – le meilleur comme le pire.

Quand il déclare qu'il est nécessaire qu'il soit arrêté et mis à mort, Jésus ne parle pas d'une destinée fatale à laquelle Dieu lui-même serait soumis, mais d'une loi presque physique de l'amour : sa révélation provoque toujours à la fois adhésion et répulsion. Plus la révélation est claire, moins il est possible de rester dans une confortable ambiguïté et c'est pourquoi autour du Christ, de la plus parfaite révélation, chacun doit choisir son camp. Quand l'amour le plus pur est reçu, il fleurit en joie et en gratitude ; quand il n'est pas accepté, il est proprement insupportable, et on cherche à s'en débarrasser par tous les moyens. Voilà pourquoi la vie du Christ aboutit nécessairement à une crise dramatique : l'amour de Dieu offert gratuitement aux hommes conduit nécessairement à la croix.

C'est ainsi que Jésus peut promettre que « cette génération ne passera pas que tout cela ne soit arrivé » : ce n'est pas la destruction imminente du monde qu'il annonce de manière un peu inconsidérée, mais bien sa mort et sa résurrection, cette grande tribulation à Jérusalem qui fait s'obscurcir le soleil, cette croix qui est le lieu même de l'amour offert et rejeté. Cette crise-là, la plus dramatique de toutes, la génération de Jésus l'a bien eue sous les yeux. Mais elle n'est pas la seule, car la croix est le paradigme de tous ces refus d'amour qui ne cessent de défigurer le monde, de ces sursauts d'égoïsme, d'ambition et d'avidité qui ne nuisent pas seulement à notre vie personnelle, mais encore à notre vie collective, à notre histoire humaine tout entière. Notre vie est tragique parce qu'elle est traversée de ces refus d'être aimé. Notre histoire se déroule toujours à l'ombre de la croix, et il est naïf de penser que cela prendra fin parce que nous aurons trouvé les systèmes politiques et sociaux les mieux pensés, les mécanismes internationaux les plus ingénieux, les législations les plus sophistiquées. Ces éléments peuvent améliorer sérieusement la vie des hommes, et ils ne sont pas à négliger ; mais ils sont impuissants à attaquer le mal à la racine, ce que peut seule la conversion personnelle. La conversion, qui n'est pas l'adoption d'une identité chrétienne, mais l'accueil de l'amour de Dieu offert en Jésus.

Au début du XIIIe siècle, alors que la cinquième croisade s'en prend au sultan d'Égypte et que les troupes franques assiègent Damiette, saint François d'Assise, désireux de longue date de se rendre en terre infidèle, a rejoint les combats. Mais le *poverello*, dont la simplicité joyeuse a réveillé les consciences en Europe, n'entend pas prendre les armes. Profitant d'une trêve qui suit un affrontement meurtrier, à la stupeur générale, il se présente, accompagné d'un de ses compagnons, aux avant-postes des lignes musulmanes où il demande à parler au sultan. Le saint d'Assise devait avoir une présence extraordinaire : malgré le caractère invraisemblable de sa requête, on finit par l'amener au neveu de Saladin, al-Malik al-Kamil, qui règne alors sur l'Égypte.

On rapporte que François va à l'essentiel : au sultan, il parle de l'amour de Dieu. Le souverain est impressionné par l'audace de ce prédicateur en haillons prêt à jouer sa vie en zone de guerre, et plus encore par la tranquille assurance qui l'habite : non pas l'assurance patricienne, arrogante, de l'homme qui connaît sa valeur, mais l'humble joie de celui qui se sait aimé sans conditions. Comme tous ceux qui ont croisé le saint, le sultan est frappé par cette certitude qui a quelque chose de contagieux. Cet amour de Dieu donné en Jésus-Christ résonne si parfaitement avec la bonté toute simple dont rayonne cet homme, ce fou qui a pris tous les risques pour venir lui parler et qui, disent nos sources, en vient presque à danser devant le souverain tant l'enthousiasme le transporte.

Le sultan n'est toutefois pas homme à perdre son bon sens sous le charme d'un prêcheur charismatique. Il a devant lui un homme sincère, un ami de Dieu qui brûle du désir de partager à tous son trésor, cette illumination vivifiante qu'a été sa découverte de l'amour de Dieu. Mais cette personnalité solaire ne saurait lui faire oublier qu'il doit surtout faire face à un débarquement de troupes franques qui, au nom du même Dieu, appartenant à la même Église, pillent les campagnes et détruisent les villes, qui veulent s'emparer des richesses de son pays que le Nil rend si fertile, qui déciment les hommes qu'ils prétendent aimés de Dieu. Leurs énormes machines de guerre affament Damiette assiégée.

Soucieux de paix, et d'ailleurs provisoirement en mauvaise posture, le sultan a proposé aux croisés un marché équitable : en échange de leur départ d'Égypte, il acceptera de leur livrer Jérusalem, cette ville sainte pour laquelle ils disent se battre et que son oncle Saladin leur a reprise. Mais les croisés ont refusé. Après tout, que pouvait-on attendre de ces hommes qui, quinze ans plus tôt, avaient mis à sac Constantinople, la capitale d'un empire chrétien, attirés par ses richesses fabuleuses ? Et l'amour de Dieu dans tout cela ? Que pourrait-il bien répondre, ce naïf petit moine, à tant de brutalité commise au nom du Christ ? C'est l'objection de toujours, et le sultan n'est pas le seul à la formuler. Peut-on croire à l'amour de Dieu, quand le monde est le théâtre de tant de violences, que s'y déploient cupidité et soif de pouvoir, et que les chrétiens, comme les autres, prennent leur part à ce déchaînement ?

François est peiné de la question. Il ne la découvre pas, pourtant. Il l'a lui-même entendue bien des fois, et il l'a méditée avec angoisse, comme une obsession lancinante, dans les larmes et les lamentations que sa grande sensibilité ne sait pas retenir. Il n'ignore pas que le mal est le mystère des mystères, celui qui peut égarer la foi des plus sincères. Il n'en veut pas au sultan de soulever cette objection si légitime ; il n'en veut d'ailleurs à personne ; il est simplement triste de constater que le mal, non content de détruire, voler, tuer, vient encore, par-dessus le marché, empêcher les hommes de croire à l'amour de Dieu. Aussi n'est-ce pas sans une douleur profonde qu'il répond gravement au sultan, par une constatation qui résume à elle seule tout l'enseignement du discours apocalyptique de Jésus : « Sire, l'amour n'est pas aimé. L'Amour en ce monde est toujours crucifié. »

Le scandale est toujours le même, génération après génération, de ce mal qui défigure le monde. Et son explication est, dans le fond, toujours la même : l'amour n'est pas aimé. Le même refus qui a crucifié l'Amour fait homme est toujours à l'œuvre. L'histoire humaine démontre l'incroyable inventivité de notre espèce, sa capacité à créer du nouveau, à élaborer des concepts et des théories, à organiser des mouvements politiques et des entreprises multinationales, à rassembler ou à diviser, à inventer des projets ou des mythes, à conquérir, à explorer, à résister, à exploiter, à libérer, à bâtir et à planter, à détruire et arracher. Mais, à l'origine de ces variations innombrables de l'histoire, se cache une infinité de réponses individuelles à cette question simple, posée à chacun sous des formes toujours différentes : es-tu prêt à te laisser aimer ?

3.

C'est une des pages apparemment les plus pittoresques de l'Évangile. Jésus, sur l'autre rive de la mer de Galilée, rencontre un homme possédé par un esprit impur qui le pousse à vivre dans les tombeaux et à se meurtrir lui-même à coups de pierre, sans que personne soit capable de le maîtriser. Jésus, sans surprise, va chasser l'esprit impur qui tourmente le malheureux. Jusque-là, rien que de très banal dans la vie de Jésus, toujours occupé à expulser les démons qui viennent polluer la vie des hommes. Mais la discussion s'engage avec l'esprit qui déjà se sait vaincu : on apprend qu'il se nomme Légion car, au lieu d'un seul démon, c'est toute une troupe qui a pris ses quartiers dans la vie du possédé ; puis les esprits impurs demandent à Jésus une étrange faveur. Avisant un troupeau de porcs qui paissent tout près de là, sur la montagne, ils le supplient : « *Envoie-nous vers les porcs, que nous y entrions*[1]. »

La requête peut surprendre, mais le plus surprenant, c'est que Jésus le leur permette. Les voici alors qui quittent le malheureux qu'ils tourmentaient pour prendre possession des pauvres animaux qui n'avaient rien demandé et qui, aussitôt, comme pris de folie collective, courent se jeter dans la mer, du haut de l'escarpement où ils avaient leur paisible pâture, et c'est ainsi que deux mille porcs se noient. Stupeur dans la ville voisine, dont les notables demandent alors à Jésus de s'éloigner : qu'il chasse les démons très bien, mais si c'est au prix d'un massacre du bétail, il ferait mieux d'aller exercer ses talents ailleurs, là où on n'aime pas le jambon.

On peut comprendre ces villageois apeurés devant cette manifestation perturbante du sacré, mais on comprend moins pourquoi

1. Évangile selon saint Marc, chapitre 5, verset 12.

Jésus s'est apparemment plié à la volonté de ces esprits impurs, lui qui d'ordinaire commande aux démons, mais ne négocie pas avec eux et ne transige jamais avec le mal. Nous sommes habitués à voir les démons obéir à Jésus, ce qui impressionnait ses contemporains ; mais ici, c'est Jésus qui accepte ce que lui demandent les démons – et pour provoquer une catastrophe... On imagine mal qu'il se soit laissé attendrir par les supplications déchirantes des démons, ni qu'il ait voulu leur faire plaisir. Alors pourquoi se laisse-t-il fléchir ? L'action de Jésus vise toujours deux buts : il sauve et il révèle. En délivrant le possédé, il sauve ; en accédant à la requête des démons, il révèle. Mais alors qu'à l'ordinaire, c'est Dieu, sa miséricorde, sa proximité, qu'il révèle, cette fois Jésus nous révèle la nature du mal.

Déployé dans ces porcs, le fruit du péché apparaît dans son enchaînement implacable, qui pousse celui qui s'y abandonne jusqu'au saut absurde dans le vide. Où mène le péché ?

À la mort, cette mort à la fois tragique et grotesque des porcs. En le laissant aller au bout de sa logique, le Christ nous donne à voir où mène le mal. Dans la vie du possédé, déjà, il conduisait à la marginalité macabre et à la mutilation. Répandu dans ce pacifique troupeau de porcs, il dévoile son objectif ultime : le suicide de masse. Sous des dehors insolites, voire folkloriques, cet épisode porcin démasque le véritable visage du mal.

Ce dévoilement n'est pas nécessairement suffisant, comme le montrent les réactions des gens de la ville qui réclament le départ de Jésus. Délivrer des possédés, démasquer le péché, c'est bien beau, mais cela bouscule des conforts établis et met à mal la production locale de saucisson. Il y a des conforts glauques, des solitudes malheureuses mais qui ne supportent pas d'être dérangées par une visite imprévue, des rancunes tellement structurantes que le pardon laisserait un grand vide dans le cœur. Il y a des conforts à l'odeur de renfermé insoutenable, mais que nous préférons tout de même aux courants d'air de l'Esprit saint. Il y a des conforts sordides qui nous paraissent trop mal rangés pour y recevoir Dieu.

Pas nécessairement suffisant, ce dévoilement est toutefois nécessaire, car il semble difficile de renoncer au mal tant qu'on n'a pas perçu sa nature profondément destructrice. On se fait volontiers une fausse idée du péché, qui n'est pas sans conséquences. Outre que le mot sonne désuet et moralisateur, on l'associe assez spontanément à la jouissance d'un plaisir interdit, une part de trop de cet excellent fondant au chocolat ou, évidemment, diverses formes d'activité sexuelle (quand on dit, ironiquement ou non, de quelqu'un qu'il « vit dans le péché », il s'agit rarement de fraude fiscale). On sait combien la transgression rend l'objet attirant, désirable, surtout quand on suppose que cet interdit est arbitraire. Largement infantilisante, cette compréhension du péché néglige le point essentiel quand elle parle du mal : le mal fait mal. Il n'est pas simplement interdit, mais il est surtout destructeur. Le péché est un refus de se laisser aimer qui grandit en violence contre soi ou contre les autres. Si le péché ne conduisait qu'à un désagréable sentiment de culpabilité, celui de ne pas avoir été à la hauteur de notre idéal de perfection, le mal ne serait pas bien grand – et il y aurait sans doute même un peu de bien dans ce retour au réel. Le drame n'est pas notre humiliation intime, ni le malaise de notre conscience. Si Dieu le combat, c'est parce qu'il nous conduit, personnellement et collectivement, à cette falaise d'où les porcs se jettent dans la mer.

Si vivre avec le mal est le propre de l'humanité depuis Adam et Ève, notre époque se distingue sur un point : nous voilà arrivés tous ensemble au bord du précipice. Le péché a toujours été destructeur, mais cette fois, nous sommes capables de nous anéantir, tous autant que nous sommes. Le désir de dominer ses semblables n'a rien de nouveau ; ce qui est nouveau, c'est que ce désir a patiemment su construire les outils de mobilisation des sociétés pour permettre des guerres totales, conduisant à des destructions totales, dont le cataclysme nucléaire n'est que l'apothéose logique, l'aboutissement inévitable. Le désir de posséder n'a rien de nouveau ; ce qui est nouveau, c'est qu'il a tourné à une frénésie de consommation et d'accumulation qui mène à l'épuisement des ressources naturelles, à l'effondrement de la diversité animale et des rendements agricoles, à la destruction de notre environnement. Notre exceptionnelle maîtrise technique, loin de servir principalement à développer des garde-fous, a surtout conduit à rendre cette dévastation plus facile, plus complète.

La théologie classique distinguait, dans son latin qui rend tout un peu solennel, ces trois désirs pouvant conduire au mal : *libido dominandi*, qui est la passion de l'emporter et de soumettre ; *libido sentiendi*, qui est celle de jouir et de posséder ; *libido sciendi*, la science sans la conscience. « Malheureuse la terre de malédiction que ces trois fleuves de feu embrasent plutôt qu'ils n'arrosent », commentait Blaise Pascal à propos de ces trois passions, sans se douter certainement que la terre de malédiction deviendrait bientôt la Terre tout court, dont l'embrasement ne serait plus une métaphore. Si l'on a pu croire que l'effet destructeur du péché se limitait en général au pécheur et à ses proches, nous découvrons maintenant qu'il peut nous conduire tous ensemble vers de vertigineux abîmes. La croix nous avait déjà mis devant l'alternative fatale : l'amour accepté ou refusé, c'est-à-dire la conversion ou la destruction. Nous commençons à apercevoir l'ampleur des conséquences du refus d'être aimé.

Ce constat appelle quelques remarques. On pourrait craindre que je veuille ranimer de vieilles lunes plus ou moins médiévales, en expliquant les catastrophes que connaît notre monde comme des châtiments divins de nos fautes. Or le péché de l'homme n'explique pas toutes les catastrophes, bien sûr, et il semble bien qu'on puisse le mettre hors de cause, par exemple, du tremblement de terre de Lisbonne de 1755 comme de bien d'autres désastres de ce genre ; mais il n'est pas tout à fait indifférent que les principales menaces qui planent aujourd'hui sur notre vie soient, elles, largement de notre fait. Mais même dans ce cas, il importe de bien distinguer le châtiment du péché de la conséquence du péché. Si l'Évangile nous appelle à une vie simple, presque frugale, et si la tradition chrétienne a toujours invité les hommes à des formes d'ascèse, de maîtrise de leurs appétits, ce n'est pas parce que notre gourmandise porterait sur les nerfs du bon Dieu, qui entend qu'on lui obéisse aveuglément ; c'est bien parce que notre avidité et notre intempérance ont des conséquences qui se révèlent autrement dramatiques que quelques kilos en trop. Le sens de la mesure n'est pas une simple sagesse de vie : nous découvrons que c'est même la condition de notre survie. Inutile de défigurer Dieu en lui prêtant les traits d'un Père fouettard menaçant et à vrai dire un peu soupe au lait : ce qui nous détruit, ce n'est pas son châtiment, mais notre péché même, par ses conséquences nécessaires. Les limites ne sont pas une fantaisie de moraliste, mais une réalité dont on doit tenir compte, sous peine de s'y heurter violemment.

Ne serait-ce pas, malgré tout, une manière de culpabiliser les gens – un art dans lequel l'Église aurait appris à exceller, y trouvant le meilleur moyen d'asseoir son pouvoir sur les âmes ? Cela ne revient-il pas à dire que tout est de notre faute ? C'est un peu plus complexe que cela. À l'évidence, j'aurais beau être odieux avec mon entourage, cela ne me rendrait aucunement responsable de la guerre en Ukraine ; de même, je peux faire du shopping compulsif toute la journée, et l'impact de ma consommation sur le dérèglement climatique restera marginal, presque insignifiant. La plupart des différentes menaces auxquelles nous faisons face trouvent leur origine dans le péché de l'homme, certes, mais cela signifie-t-il que j'en suis véritablement responsable ?

Oui et non, car les choix individuels ne se contentent pas de s'additionner : ils forment par là même des structures qui rendent certaines manières d'agir presque inévitables. Il ne s'agit donc pas de demander à celui qui prend sa voiture tous les jours pour aller travailler de s'en confesser parce qu'il contribue ainsi à réchauffer l'atmosphère : ce ne serait pas seulement inutile, mais encore injuste, non parce que la contribution du conducteur en question est évidemment faible, mais parce qu'il n'a pas le choix – et c'est un habitant d'une mégalopole aux transports publics notoirement insuffisants qui l'écrit. Dans les cas de ce genre, le magistère parle de « structures de péché », c'est-à-dire d'obstacles structurels souvent presque insurmontables qui empêchent non seulement d'accomplir le bien, mais encore le plus souvent de le distinguer. Une structure de péché est un système social qui conduit au mal, y compris des gens très bien, soucieux d'agir au mieux et d'aimer leur prochain. L'enjeu n'est donc nullement de culpabiliser les personnes qui, le plus souvent, font ce qu'elles peuvent, mais bien de démasquer la véritable nature du mal qui nous menace de destruction : c'est avant tout un mal moral, la conséquence du péché porté à son paroxysme.

Certains philosophes ont pu, dans le passé, croire à l'existence d'une « justice immanente », c'est-à-dire d'un châtiment inclus dans la mauvaise action elle-même : ma conduite imprudente, ou en état d'ivresse, contiendrait en elle-même sa propre punition, à savoir l'accident que je vais provoquer. La morale serait alors toujours sauve, comme dans un *blockbuster* américain : les gentils sont récompensés et les méchants punis. Ce n'est malheureusement pas à une notion de ce genre que renvoient les conséquences dramatiques du péché. La justice immanente, pour être juste, doit être individuelle : c'est l'auteur du mal qui est censé en supporter les inconvénients, sans quoi il n'y a plus de justice. Si l'accident de voiture que cause mon imprudence blesse ou tue un innocent, impossible de parler de justice. Dans notre cas à nous, les conséquences apocalyptiques du péché ne sont pas justes, car elles ne frappent pas spécialement les pécheurs et, moins encore, à proportion du péché. Un pacifiste n'est pas moins menacé par la destruction nucléaire qu'un dictateur. Impossible de dire à un paysan philippin qui a dû quitter sa terre à cause d'inondations dramatiques que c'est après tout de sa faute, et qu'il aurait dû moins polluer, car il fait face, en réalité, à une véritable injustice immanente : il assume les conséquences terribles d'actions dont il n'est nullement responsable. Cette responsabilité est d'autant moins personnelle, et la conséquence d'autant moins juste, qu'une conséquence en entraîne une autre, en chaîne, de manière souvent imprévisible et surtout inexorable, loin de toute volonté consciente initiale : nous ne maîtrisons pas nos propres catastrophes.

Si Jésus tient un discours d'apocalypse, de révélation, ce n'est pas pour nous terrifier plus ou moins utilement, mais bien pour nous faire comprendre ce qui se joue sous nos yeux : non la punition divine des fautes de l'homme, mais le déploiement du mal et de ses conséquences destructrices ; autrement dit, la fin des temps à l'œuvre, non comme événement inquiétant dont on attendrait la proximité, mais comme cette réalité présente dans l'histoire depuis son début, véritable trame sous-jacente aux événements du monde. Nous avons besoin de ce dévoilement car, tant que la nature du mal restera inconnue, on pourra croire béatement à l'efficacité de solutions purement techniques aux menaces qui pèsent sur nos existences. Il est sans doute nécessaire, dans bien des domaines, d'améliorer la législation, de modifier nos modes d'organisation, de négocier la réduction des arsenaux nucléaires ou celle des émissions de gaz polluants, de faire évoluer les opinions publiques ; l'engagement politique ou l'action associative peuvent être des voies nobles et utiles pour rendre meilleure la vie de tous. Il serait naïf, évidemment, de prétendre lutter contre les désastres climatiques en s'en remettant à la seule prière, mais il ne serait pas moins naïf d'imaginer vaincre le mal sans s'attaquer à ses causes, et d'oublier que le premier lieu où je peux envisager de le déraciner, c'est dans ma propre vie.

En moi, le combat eschatologique est déjà engagé, avec sa violence et ses incertitudes : c'est lui qui est à l'œuvre dans mes crampes d'égoïsme et dans mes envies de bien faire, dans mes fidélités et mes impatiences. Et dans ce combat, l'emporter, c'est d'abord accepter que la victoire a déjà été acquise, non pas par mes efforts, mais par l'amour infini qui se donne à voir dans la croix de Jésus et qu'il me faut, peu à peu, laisser entrer dans ma propre vie.

4.

Au milieu de son discours apocalyptique, alors qu'il est en train d'annoncer des guerres, des famines et des tremblements de terre, Jésus ose lancer à ses disciples : « Ne vous alarmez pas ! » Comme si tout ce dont il parle n'était pas, précisément, alarmant. Il faut dire que cette attitude est assez habituelle chez Jésus qui connaît la fatigue, le chagrin, la soif, l'angoisse même, et bien d'autres limites de notre humaine condition, mais qui ne paraît guère sujet à la peur. Il semble même parfois nous narguer, du haut de son impassibilité divine.

C'est ainsi que, traversant la mer de Galilée avec ses disciples, peu avant l'épisode des démons et des porcs, il reste à dormir à l'arrière de la barque, tandis que les disciples se débattent contre les vagues d'une tempête furieuse[1]. Ils finissent par le réveiller, pas tant pour demander son aide que pour se plaindre de son indifférence : « *Maître, nous périssons, et cela ne te fait rien ?* » En deux mots, Jésus apaise la mer démontée, puis il fait grief aux disciples de leur terreur : « *Pourquoi avez-vous peur ainsi ? Comment n'avez-vous pas de foi ?* » On comprend bien qu'un homme capable de calmer les flots en furie par sa simple parole ne se laisse pas gagner par la panique, mais est-il juste qu'il s'en prenne à ses compagnons qui ne disposent pas, eux, de tels pouvoirs et qui risquent réellement leur vie quand les vagues menacent l'embarcation ? Peut-on vraiment leur reprocher de manquer de foi parce qu'ils ont eu peur dans une situation objectivement inquiétante ?

Pour moi, j'ai facilement peur des chiens depuis une mauvaise expérience à l'âge de seize ans ; dois-je m'en accuser en confession, comme d'un manque de foi ? Faut-il condam-

1. Évangile selon saint Marc, chapitre 4, versets 35 à 41.

ner ceux qui se laissent gagner par l'anxiété devant l'avenir du climat, les incertitudes économiques ou les risques de guerre mondiale ? On sait combien est fréquente, dans toute la Bible et spécialement dans la bouche de Jésus, l'injonction à ne pas avoir peur. « N'ayez pas peur ! » est un très beau commandement, sans doute, mais il semble à peu près aussi inutile que la demande de saint Paul : *« Soyez toujours dans la joie*[1] *! »* Bien sûr, personne ne décide d'avoir peur, de même que tout le monde préférerait se réjouir. Mais interdire la peur ou ordonner la joie, cela ne sert à rien : il faut donner de bonnes raisons de se réjouir, comme de bonnes raisons d'être rassuré.

Comment peut-on dire « N'ayez pas peur ! », alors que la peur est après tout une réaction innée, primitive ? C'est d'ailleurs une réaction nécessaire : devant une menace, elle nous fait passer à un fonctionnement instinctif de survie, en nous concentrant sur le danger au lieu

1. Lettre de saint Paul aux Philippiens, chapitre 4, verset 4.

de nous laisser nous disperser et rêvasser. Attention, me dit ma peur, la mâchoire d'un rottweiler peut être malveillante, tu le sais, alors cherche un refuge immédiatement ! Elle déplace toutes les autres fonctions de notre esprit au second plan, d'où cette impression que la peur nous rend bêtes, qu'elle nous empêche de réfléchir ; mais quand elle fonctionne correctement, elle nous empêche de réfléchir à autre chose qu'au moyen d'échapper au danger, et c'est bien ce que nous avons de plus intelligent à faire, parce que c'est parfois une question de survie. Quand notre vie est en jeu, comme les disciples dans la tempête, comme notre humanité face à ses défis apocalyptiques, peut-on prendre le risque de penser à autre chose, de s'occuper d'affaires secondaires ? C'est que la peur est le plus souvent, directement ou non, une peur de la mort. La mort et la peur vont ensemble, elles ont partie liée : la peur nous renvoie presque inévitablement à notre mort, et c'est probablement ce qui lui donne une telle puissance sur nous. Mais c'est aussi la peur qui nous permet d'agir de façon à éviter les périls mortels. « N'ayez pas peur ! », c'est bien beau, mais n'est-ce pas prendre le risque de mourir ?

Il est vrai que la peur ne fonctionne pas toujours aussi bien. Cette réaction instinctive qui me prend devant les chiens de combat, ou qui saisit quiconque s'aventure à monter avec moi en voiture dans le trafic des rues du Caire, est normale et nécessaire, mais elle est aussi très perturbante et inconfortable, si bien que nous cherchons en général à la fuir, parfois plus que le danger lui-même. On a peur de la peur, plutôt que d'avoir peur du pitbull ; et là, ça ne va plus du tout. Mon père, fonctionnaire aujourd'hui à la retraite, avait il y a quelques années donné un peu de son temps dans une association de réinsertion, pour accompagner et conseiller des usagers en difficulté avec l'administration. Le premier rendez-vous qu'il a eu était avec une femme que le fisc recherchait depuis près de deux ans, alors qu'elle manquait déjà d'argent et ne savait pas comment joindre les deux bouts. Pour échapper aux impôts, elle déménageait tous les six mois, mais invariablement, elle finissait par recevoir les mêmes enveloppes du ministère, qui lui rendaient la vie impossible, et la remettaient sur les routes. Mon père, voyant sa détresse, lui demanda combien le fisc lui réclamait. Elle l'ignorait. Elle n'avait jamais osé ouvrir les lettres, parce qu'elle avait trop peur de ces enveloppes officielles, menaçantes. Tant qu'elles restaient fermées, elles étaient encore en quelque sorte inoffensives, comme le génie du conte arabe avant qu'on ait frotté la lampe. Elle les avait toutes sur elles, ces angoissantes enveloppes, impeccablement cachetées. Mon père lui proposa de les ouvrir ensemble, ce qu'elle accepta. Il apparut alors que le fisc la recherchait, avec une constance admirable, parce qu'il lui devait de l'argent et qu'il cherchait à la rembourser.

Quand il nous commande de ne pas nous alarmer devant des réalités terrifiantes, Jésus ne nous dit pas que nos peurs sont aussi inconsistantes, aussi irrationnelles que dans cette anecdote ou que les monstres cachés sous le lit qui inquiètent les enfants. Nos monstres à nous existent bel et bien. Ne pas s'alarmer, face à de tels dangers, c'est d'abord refuser le mauvais usage de la peur. Quand la peur nous avertit d'un danger, elle nous met mal à l'aise. Dès lors, on peut regarder le danger en face – ce qui veut parfois dire se mettre à courir, quand il s'agit d'un chien de combat ; mais on peut aussi fuir, non pas le danger, mais le sentiment du malaise, et se rendre ainsi plus vulnérable que jamais au mal qui nous menace. Quand la peur de la peur l'emporte, c'est alors que nous risquons de faire n'importe quoi. Ne pas s'alarmer, comme Jésus nous y invite, c'est refuser cette escalade de peur pour regarder le danger comme il est, et chercher à réagir comme il convient. Il ne s'agit donc pas de traiter les défis apocalyptiques de notre temps avec désinvolture, mais au contraire de s'efforcer de les affronter avec sérieux, sans se laisser tétaniser ni sidérer par l'angoisse.

Jésus va cependant plus loin. Si nous pouvons ne pas nous alarmer dans un contexte à bien des égards terrifiant, c'est que ces menaces, contrairement aux apparences, ne sont pas des menaces ultimes. J'ai souligné plus haut le lien intime qui unit la mort et la peur, par lequel elles nous dominent toutes deux. C'est justement parce qu'il ne se laisse pas terrifier par la mort, ni par toutes les raisons sages qui ne manquent pas de l'accompagner, que Jésus peut affronter la mort et la vaincre. Parce qu'il sait que la mort n'est pas le plus grand des maux, parce qu'il sait qu'il y a encore mieux à faire que de chercher, à tout prix, à l'éviter, la mort a perdu son pouvoir sur lui. La mort est un mal et Jésus ne la prend pas à la légère. C'est avec gravité au contraire qu'il lui fait face dans sa passion, sur la croix, avec gravité mais aussi avec confiance : il sait que l'amour de Dieu est plus fort que la mort.

Être chrétien, marcher à la suite du Christ ressuscité, ce n'est pas tenir la mort pour insignifiante, en nier la réalité par ces discours ésotériques creux qui proclament que la mort n'est rien ; mais c'est moins encore se résigner à la mort, apprendre à mourir, à l'unisson des sagesses du monde, ou pactiser avec la mort. C'est au contraire être libéré de la peur de la mort, non parce qu'on s'est soumis à elle, mais parce que nous savons désormais que l'amour que nous recevons, que nous bâtissons, et qu'elle prétend détruire en nous enlevant ceux qui nous sont chers comme la marée détruit les châteaux de sable, n'est pas une fulgurance de joie entre deux éternités de néant, mais la présence même de Dieu venu nous donner la vie en abondance.

La mort personnelle est une chose, et la destruction du monde en est une autre. On peut envisager sereinement la première et croire sincèrement en la résurrection, tout en vivant dans l'angoisse de la seconde. Le péril mortel que court la vie humaine, ou du moins notre civilisation, voilà qui dépasse notre petit salut individuel. Or précisément, la promesse de Dieu est bien celle d'un « ciel nouveau et une terre nouvelle », selon les mots du livre de l'Apocalypse[1], c'est-à-dire d'une création tout entière renouvelée : il s'agit donc de tout autre chose que de sauver la planète. Il s'agit du Royaume de Dieu. Les deux ne sont pas incompatibles, bien au contraire. Mais le Christ nous rappelle avec force que notre espérance ne se limite pas à la sauvegarde de ce monde-ci, fragile et périssable. Il nous promet que, de ce monde menacé de toutes parts, va naître un monde nouveau, vainqueur de la violence et de la destruction, le monde qui a accepté l'amour de Dieu. Jésus décrit nos convulsions comme « le commencement des douleurs de l'enfantement » : par cette image, il nous enseigne que nos malheurs et nos désastres ne sont pas la fin de l'histoire. Le discours apocalyptique est une révélation, non seulement des

1. Livre de l'Apocalypse, chapitre 21, verset 1.

mécanismes du mal à l'œuvre dans l'histoire humaine, mais aussi et surtout du sens vers lequel cette histoire s'oriente : la naissance des fils et des filles de Dieu, notre adoption divine. L'histoire n'avance pas selon un lent mais régulier progrès, une amélioration continue : elle procède au contraire par crises successives. Mais ces crises la conduisent à la victoire finale du projet de Dieu, de son dessein présent dès l'acte créateur, de son amour gratuit pour nous ; elles nous conduisent jusqu'à la vie divine, la vie même de Dieu qu'il nous offre de partager. La véritable révélation du discours apocalyptique, c'est celle de notre fin véritable, notre but, notre raison d'être : cet amour de Dieu qui nous divinise.

Voilà pourquoi on ne peut simplement isoler ce discours de Jésus, le classer comme une bizarrerie héritée de temps anciens et de mentalités dépassées et lui préférer d'autres pages plus attrayantes, comme les Béatitudes, où Jésus nous parle du bonheur : *« Heureux les pauvres de cœur ! Heureux les miséricordieux !*

Heureux les cœurs purs[1] *!* » Sous des formes apparemment différentes, Jésus parle toujours de la même réalité, et cette révélation apocalyptique, quand on prend le temps de la lire, trouve des correspondances dans toutes les pages de l'Évangile. Les quatre disciples à qui Jésus adresse ce long discours, les quatre pêcheurs de Galilée, Jésus leur avait déjà tout dit dès le premier jour, le jour où il les avait appelés, quand il prêchait : « *Le temps est accompli et le Royaume de Dieu est tout proche*[2]. » Partout, dans ses paroles et dans ses actes, aux jours de fête comme aux jours de deuil, Jésus annonce le Royaume de Dieu, dont les guérisons miraculeuses, les démons chassés, les pains multipliés, les pécheurs pardonnés sont le signe, dont les paraboles nous découvrent le fonctionnement paradoxal ; le Royaume de Dieu qui grandit dans notre monde, malgré les craquements inévitables

1. On trouvera le discours des Béatitudes dans l'Évangile selon saint Matthieu, chapitre 5, versets 1 à 12.
2. Évangile selon saint Marc, chapitre 1, verset 15.

du péché qui le refuse, au prétoire de Pilate comme au fond de notre cœur ; le Royaume de Dieu qui n'est pas une simple évocation poétique, vaguement spirituelle, mais une réalité agissante, vivante, qui conduit notre histoire humaine et la vie de l'univers. Voilà pourquoi l'Évangile n'est pas un manuel de sagesse qui nous donnerait des conseils pour affronter les difficultés : il dévoile le Royaume de Dieu.

La victoire déjà acquise de Dieu et cette création nouvelle qu'il nous promet ne sont nullement des appels à nous désintéresser de ce monde qui passe ou des défis qui sont devant lui. Pas plus que la croyance à la vie éternelle ne pousse les chrétiens au suicide ou à l'indifférence devant la maladie et la souffrance du prochain, la certitude du Royaume de Dieu n'autorise aucune indifférence à l'égard de notre monde, aucun retrait des combats et des engagements pour le préserver. Le discours de Jésus nous empêche de faire de notre vie ou de notre planète des absolus indépassables, mais il n'est pas nécessaire de diviniser ce monde pour vouloir en prendre soin ; remis à sa juste place, il appelle au contraire toute notre attention. C'est ce que nous enseigne l'image de l'enfantement : c'est dans ce monde, et pas ailleurs, que le monde nouveau, celui de la charité et de l'amour, peut prendre naissance ; notre mission, la mission des chrétiens, la mission de l'Église, c'est de veiller de toutes nos forces sur cette miraculeuse gestation.

Veiller. C'est précisément par ce mot que Jésus décrit l'attitude à laquelle il nous appelle tout au long de ce discours apocalyptique, où il répète sans cesse « Prenez garde », « Soyez sur vos gardes », « Soyez en garde », avant de conclure par cette étrange parabole qui nous figure comme les portiers d'une maison dont le maître, Dieu, s'est absenté, non sans nous donner un commandement : « Veillez ! »

Veillez, parce que le monde où vous vivez est divisé par le péché, un péché qui peut le conduire à sa propre destruction.

Veillez, parce que vous êtes vous-mêmes vulnérables au péché, et qu'il faut prendre garde à votre cœur pour ne pas le laisser envahir lui aussi par l'égoïsme, la rancune, la colère ou le mensonge, qui conduisent à la mort.

Mais aussi veillez, parce que vous ignorez quand le Maître va venir, et que sa venue est si discrète, si délicate, que vous risqueriez de ne pas le voir, trop occupés à donner votre attention au fracas que font le mal et la destruction pour percevoir le silence dans lequel grandit le Royaume de Dieu, lui qui donne son sens au monde.

Veillez, parce que ce n'est pas quand l'aube paraît qu'il est temps de dormir. Veillez, surtout, parce que tout commence !

Conclusion

Veiller, être attentif, apprendre à voir le Royaume qui vient. Sans doute n'est-ce pas un hasard si le discours que Jésus conclut ainsi fait suite immédiatement à une petite scène, le dernier enseignement de Jésus dans le Temple, qui tient en quatre petits versets[1]. Voyant les fidèles déposer des dons, et des dons parfois considérables, Jésus attire l'attention des disciples sur une pauvre veuve qui vient de déposer deux piécettes : « *En vérité, je vous le dis, cette veuve, qui est pauvre, a mis plus que tous ceux qui mettent dans le Trésor. Car tous ont mis de leur superflu, mais elle, de son indigence, a mis tout ce qu'elle possédait, toute sa vie.* » Alors que les donations des riches s'exhibent

1. Évangile selon saint Marc, chapitre 12, versets 41 à 44.

et recherchent l'admiration de tous, Jésus invite à voir le Royaume de Dieu où il est. Le cœur humain est fait pour se donner. Quand nous faisons le contraire, quand nous accumulons, quand nous sécurisons, quand nous entassons, quand nous nous économisons, nous laissons pourrir nos richesses. Vivre pour soi, ce n'est pas vivre. Celui qui veut garder sa vie la perd ; celui qui la donne la sauve en vie éternelle, c'est ce que ne cesse de nous dire l'Évangile. Jésus va bientôt nous inviter à veiller, à être attentifs, c'est-à-dire à voir ce discret Royaume qui ne fait pas de bruit.

Mais il y a encore cette étrange formulation : elle a donné, dit Jésus, *de son indigence*. Ne veut-il pas dire qu'elle a donné de sa richesse, de sa richesse misérable et insignifiante, de sa toute petite richesse, de sa richesse indigente ? Autrement, ce ne serait pas logique : on ne peut pas donner de sa pauvreté. La pauvreté, c'est un manque. On ne peut pas donner à partir d'un manque. Et pourtant Jésus nous dit: « elle a donné de son indigence ».

C'est que nous ne voulons pas voir comment fonctionne le Royaume de Dieu. Nous voulons rester dans notre logique : il faut être riche pour pouvoir donner ; d'ailleurs, si nous étions plus riches, nous donnerions plus. Mais ne voyons-nous pas dans notre entourage que c'est toujours à ceux qui sont déjà très pris que nous pouvons demander un service, tandis que les moins occupés sont aussi les moins disponibles (dans les couvents, c'est une vérité d'évidence) ? La disponibilité n'est pas une question d'agenda, mais une façon d'être ; les disponibles n'ont pas plus de temps que les autres, ils en ont même moins, ils n'en ont même plus, parce que leur temps, ils l'ont déjà donné. Ils ne vivent pas pour eux-mêmes. Il n'est du coup plus question de mégoter, de grappiller, de négocier.

On ne donne jamais que de sa pauvreté, nous dit Jésus. Nos richesses ne donnent pas : elles achètent, elles dominent, elles subjuguent. Seules nos pauvretés donnent, parce que – sagesse paradoxale du Royaume – il est faux qu'on ne peut donner que ce qu'on a. On ne peut donner au contraire que ce qu'on n'a pas, que ce qu'on n'a plus, ce qu'on a déjà donné d'avance, sans condition, sans marchandage. On ne peut donner que lorsque nos sécurités font défaut, qu'on n'a plus d'autre choix que de se donner, de se jeter à l'eau parce qu'on n'a plus rien d'autre à aimer. Tant que des chéquiers nous protègent, nous ne sommes pas encore acculés à aimer.

Vous le savez, on n'aime pas encore quand on regarde de haut, quand on maîtrise, quand on domine. L'amour a besoin de failles pour passer. Nous ne saurions pas aimer si nous n'avions jamais été blessés ; nous ne saurions pas aimer si nous n'aimions, non pas malgré notre fragilité, mais à travers elle, grâce à elle. C'est un peu étrange, parce que nous nous imaginons toujours avoir besoin d'être parfaits pour mériter que les autres nous aiment, dans une course désespérée (et souvent désespérante) vers la perfection. En réalité, pensons un instant à ceux que nous aimons : est-ce que nous les aimons pour leur puissance, pour leur force, pour leur perfection ? Jamais. Cela, ce sont des raisons d'admirer les gens, pas de les aimer. Or ce n'est pas la même chose. On n'épouse pas quelqu'un qu'on admire seulement : il faut aimer. Et on commence à aimer quand on aperçoit la faille, la faiblesse, l'humanité. Peut-être est-ce d'ailleurs pour cela, pour que nous puissions l'aimer et pas seulement l'adorer, que Dieu a voulu prendre chair et partager notre faiblesse.

La seule bonne nouvelle de ces crises que nous traversons, c'est qu'elles nous révèlent notre pauvreté et notre impuissance ; elles nous font ressembler, tous ensemble, à cette pauvre veuve qui n'a plus à donner ses réussites techniques et scientifiques, sa supériorité intellectuelle et morale, et son incroyable capacité de production. Nous n'avons plus à offrir que notre besoin, notre indigence. Alors nous pouvons commencer à appeler Dieu et sa grâce, à désirer véritablement que son Règne vienne, non pas machinalement, en récitant sans y penser la prière du *Notre Père*, mais du fond du cœur, comme une nécessité vitale. Seule la veuve peut prier, seule la veuve peut supplier : « Viens, Seigneur ! » et désirer réellement ce retour glorieux du Christ qu'il annonce. Et nous commençons alors tout juste à lui ressembler.

Les premiers chrétiens, nous enseignait l'aumônier de mon lycée, ne se disaient ni bonjour, ni bonsoir. Ils ne se disaient pas *Chalom*, « paix », comme les juifs, ni *Kaire*, « réjouis-toi », comme les Grecs. Eux qui vivaient constamment dans l'angoisse de la persécution romaine, quand ils se saluaient, avaient leur propre formulation, faite pour se donner du courage les uns aux autres. Quand ils voulaient se saluer, ils employaient deux mots d'araméen, la langue de Jésus, même quand eux-mêmes ne la parlaient pas du tout : *Marana tha*, ce qui veut dire « Viens, Seigneur ! » Ce sont pratiquement les dernières paroles de la Bible[1], mais c'était aussi le premier mot de leur journée : « *Marana tha*, viens Seigneur ! » Le mot le plus banal, le plus quotidien, mais aussi le mot de l'amitié et de la rencontre : « Viens, Seigneur ! » Quand des fiancés se retrouvaient : *Marana tha* ! Quand deux voisins se croisaient sur le palier : « Viens, Seigneur ! » En rentrant le soir à la maison, en embrassant les enfants : *Marana tha*, « Viens, Seigneur ! » Le retour du Christ, on peut dire qu'ils l'attendaient, qu'ils l'espéraient, qu'ils l'appelaient.

Je ne suis pas certain, aujourd'hui, qu'un historien approuverait tout à fait cette évocation fondée sur des indices assez ténus, qui ne nous permettent pas vraiment de savoir à ce jour comment se saluaient les premiers chrétiens. Mais elle avait été assez puissante pour que nous décidions, avec quelques amis,

1. Voir le livre de l'Apocalypse, chapitre 22, verset 20.

d'adopter à notre tour cette salutation un peu mystérieuse, auquel son côté ésotérique valut un petit effet de mode bien au-delà des frontières de l'aumônerie. C'était amusant, mais l'urgence n'est évidemment pas, aujourd'hui, à demander aux chrétiens de se distinguer par leur façon de se saluer, dans des sociétés déjà suffisamment morcelées. L'urgence, c'est que nous sachions apporter à ce monde si menacé, si mis à mal, la joyeuse espérance du Royaume qui vient. *Marana tha*, viens, Seigneur !

Achevé au Caire, le 28 août 2022,
en la fête de saint Augustin

Remerciements

C'est une invitation du Collège des Bernardins, à Paris, qui m'a donné l'occasion de travailler ce chapitre de l'Écriture, pour une conférence donnée le 4 octobre 2021. Que ses organisateurs, en particulier Louis Manaranche, en soient ici remerciés.

Ma réflexion a mûri en des lieux qui s'efforcent de penser dans la foi les crises de notre monde – je pense par exemple aux sœurs du monastère de Solan, qui m'ont fraternellement reçu. J'ai aussi tiré profit et joie de discussions avec Olivier de Trogoff en baie de Canche, et Benoît Bertran de Balanda au bord du Nil. Ils ont tous deux accepté de relire ce petit livre, et je leur en suis reconnaissant.

Ma gratitude va encore aux frères Matthieu Palayret et Renaud Escande, censeurs aussi diligents que bienveillants, mais surtout relecteurs attentifs.

Enfin, après ces révérends pères, j'entends saluer les amis du Ragnarök, s'il est permis d'employer ce syntagme presque prosopographique : de piscines en centrifugeuses, qu'ils n'oublient pas le kouign-amann.

Table des matières

Imprimé en France

Composition : Le vent se lève...

Achevé d'imprimer
sur les presses de la Nouvelle Imprimerie Laballery
58500 Clamecy

N° d'imprimeur :211080

Achevé d'imprimer : novembre 2022

Dépôt légal : septembre 2022